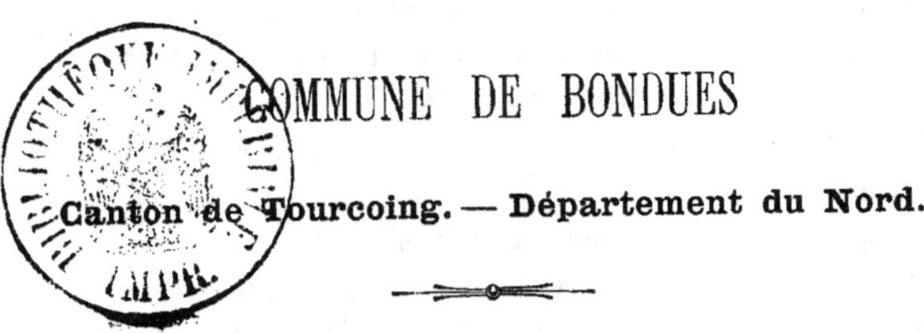

COMMUNE DE BONDUES

Canton de Tourcoing. — Département du Nord.

RAPPORT

DE LA

Commission concernant les Primes à accorder aux Ouvriers les plus méritants.

Monsieur le Maire,

Dans sa session du 8 février 1863, le Conseil municipal de Bondues a voté la somme de 55 francs, destinée à récompenser les ouvriers qui se seraient le plus distingués par la bonne tenue de leur ménage, comme aussi par leur bonne conduite, leur moralité et l'éducation de leurs enfants. Le Bureau de bienfaisance, imitant cet exemple, vota, dans sa séance du 15 février 1863, une pareille somme, pour le même objet. Enfin, M. le Préfet du Nord vient d'envoyer aussi, à la date du 3 août 1863, et dans le même but, une somme de 90 francs en deux mandats de 45 francs, dont l'un est adressé à l'Administration municipale, et l'autre au Bureau de charité. Ces différentes sommes réunies forment donc un total de 200 francs.

La Commission des primes que vous avez daigné, Monsieur le

Maire, charger du soin de rechercher ceux des ouvriers les plus méritants, vient de terminer son enquête, et a l'honneur de vous présenter son rapport sur les pères de famille jugés dignes d'obtenir l'une des honorables récompenses dont nous venons de parler.

La Commission pense que ces primes sont bien propres à exciter le zèle de nos nombreux ouvriers, et à encourager les efforts de ceux qui vont aujourd'hui recevoir publiquement, et de votre main, ce témoignage d'estime, de considération et d'honneur.

La Commission a jugé à propos de ne pas confondre la somme allouée par la commune et le bureau de charité, avec celle envoyée par M. le Préfet du Nord, attendu que cette dernière ne peut être distribuée qu'en livrets de caisse de retraite pour la vieillesse, et que, déjà, la Commission avait décidé antérieurement à l'envoi de ces mandats, que la somme votée par la commune et le bureau de charité, serait convertie en livrets de caisse d'épargne.

La Commission a donc fait deux catégories de récompenses, et a décidé que la somme de 110 francs votée par la commune et le bureau de charité serait divisée en cinq primes de 22 fr. chacune, accordées en livrets de caisse d'épargne aux pères de famille les plus méritants, et que la somme de 90 francs envoyée par M. le Préfet, serait également divisée en cinq primes de 18 francs chacune, accordées en livrets de caisse de retraite pour la vieillesse aux enfants encore peu âgés appartenant à l'une des familles déjà proposées pour la récompense.

La Commission en agissant ainsi, Monsieur le Maire, entend récompenser, non seulement les parents, mais aussi les enfants qui ont toujours tenu à leur égard une conduite pleine de soumission et de respect. Elle veut, par là, les engager à se montrer envers leur père et mère de plus en plus dévoués. Elle veut aussi, en récompensant de jeunes enfants, leur réserver dans un âge avancé un revenu plus important.

La Commission a cru devoir égaliser les primes dans chaque catégorie et suivre, dans l'appel des noms, l'ordre alphabétique.

Voici, Monsieur le Maire, les noms des familles que nous avons jugées dignes d'être récompensées.

1er BOUSSEMART, Louis,

TISSERAND (HAMEAU DU MOLINEL)

Louis Boussemart, tisserand, natif de Bondues, âgé de 54 ans, et Aline Rouzé, se sont mariés en 1832.

Ces deux époux se sont toujours distingués par leur bonne conduite, leur courage et leur propreté.

Ils ont eu 10 enfants, dont 3 sont morts et 2 mariés. Jusqu'à la naissance du sixième enfant, ils ne firent au Bureau de bienfaisance aucune demande de secours.

Alors seulement ils réclamèrent quelque assistance... Mais bientôt, redoublant de courage, d'efforts et de privations, ils parvinrent à nourrir seuls leur nombreuse famille, qui s'accrut encore par la suite. Malgré les peines qu'ils durent se donner, ils élevèrent très-bien et firent convenablement instruire leurs enfants qui tiennent tous une conduite régulière, et sont devenus la consolation et le soutien de leurs parents.

Boussemart, Adolphe, leur plus jeune enfant, âgé de treize ans, a toujours obtenu à l'école les meilleures notes, tant pour son application et ses progrès, que pour l'ordre et la propreté qu'il n'a cessé de montrer.

La Commission propose donc de décerner au père un livret de caisse d'épargne, et au jeune Adolphe, un livret de caisse de retraite.

TABLEAU DE LA FAMILLE

NOMS ET PRÉNOMS		AGE	PROFESSION
Du père,	Boussemart, Louis,	54 ans,	Tisserand.
De la mère,	Rouzé, Aline,	52 ans,	Ménagère.
Du 1er enfant,	Boussemart, Adonie,	30 ans,	Mariée.
2me enfant,	Boussemart, Alfred,	29 ans,	Tisserand.
3me enfant,	Boussemart, Juliette,	27 ans,	Mariée.
4me enfant,	Boussemart, Joséphine,	24 ans,	Tisserand.
5me enfant,	Boussemart, Henri,	20 ans,	Idem.
6me enfant,	Boussemart, Marie,	19 ans,	Idem.
7me enfant,	Boussemart, Adolphe,	13 ans,	Sans profession.

2e DELEBARRE, Archange,

TISSERAND (BOIS-BLANC)

Delebarre, Archange, est un père de famille chargé de 8 enfants. Cet homme est honorablement connu de tous, et la Commission en le désignant à M. le Maire, est convaincue que le choix qu'elle a fait dans le nommé Delebarre, recevra l'approbation générale. Courageux à l'excès, longtemps il a été le seul soutien de sa famille ; travaillant presque autant la nuit que le jour, menant une conduite tout-à-fait irréprochable; jamais il ne demanda aucun secours tant qu'il a pu donner un morceau de pain à ses enfants. Déjà il en avait six, et il était sur le point de voir encore augmenter sa famille, et néanmoins, il ne voulait et n'avait sollicité aucun secours du Bureau de bienfaisance. Les voisins, voyant sa misère extrême et ses enfants mourant presque de faim, l'obligèrent pour ainsi dire à faire une demande au Bureau de charité et, forcé par la nécessité, il fit enfin cette démarche qui lui coûta beaucoup, et qui cependant fut bien accueillie, car le besoin était urgent et de la plus grande évidence. — Tous les voisins sont encore là pour constater ce fait.

La femme Delebarre mérite aussi d'être citée comme ayant bien secondé son mari et comme une excellente mère de famille.

Sa fille aînée Félicie, âgée de treize ans seulement, aujourd'hui bonne d'enfant, s'est toujours distinguée à l'école de Bondues, dirigée par les Dames de la Sainte-Union, par son application, ses progrès et sa bonne conduite, et son frère Archange, moins âgé qu'elle d'un an, a toujours aussi obtenu de l'Instituteur les meilleures notes. Les plus jeunes enfants paraissent marcher sur leurs traces. Quand on pense aux difficultés de tous genres qui n'ont cessé d'exister dans cette nombreuse famille, on éprouve pour le père et la mère une bien vive sympathie, et on ne peut s'empêcher de leur prodiguer les plus sincères félicitations.

TABLEAU DE LA FAMILLE

NOMS ET PRÉNOMS		AGE	PROFESSION
Du père,	Delebarre, Archange,	38 ans,	Tisserand.
De la mère,	Delebarre, Sophie,	43 ans,	Ménagère.
Du 1er enfant,	Delebarre, Félicie,	13 ans,	Servante.
2me enfant,	Delebarre, Archange,	12 ans,	Sans profession.
3me enfant,	Delebarre, Marie,	9 ans,	Idem.
4me enfant,	Delebarre, Emile,	6 ans,	Idem.
5me enfant,	Delebarre, François,	5 ans,	Idem.
6me enfant,	Delebarre, Louis,	4 ans,	Idem.
7me enfant,	Delebarre, Carlos,	2 ans,	Idem.
8me enfant,	Delebarre, Léonie,	1 an,	Idem.

Aussi la Commission n'hésite point de proposer à Monsieur le Maire d'accorder un livret de caisse d'épargne à ce courageux père de famille, et de joindre un livret de caisse de retraite pour la jeune Félicie, sa fille, âgée de 13 ans.

3e DELFORTRIE, Jean-Baptiste,

TISSERAND (CITADELLE)

Jean-Baptiste Delfortrie, tisserand, âgé de 70 ans, natif de cette commune, s'est marié en 1819 avec Rosalie Dassonville, ménagère courageuse et pleine de probité. Ils ont eu de leur mariage, 6 enfants dont 5 sont décédés. Ils ont, en outre, pris en bas âge et élevé 10 enfants des hospices de Lille, dont 3 demeurent encore avec leur père nourricier, qui a perdu sa brave femme en 1859. Les époux Delfortrie ont toujours parfaitement élevé, tant leurs propres enfants, que ceux qui leur ont été confiés par l'administration des hospices, leur accordant à tous les mêmes soins, la même sollicitude et le même attachement; les envoyant tous aussi aux écoles, quand ils étaient en âge de les fréquenter, et les apprenant à travailler aussitôt que leurs forces le permettaient; les surveillant, et ne leur donnant que de bons exemples, enfin ne recevant que des éloges de l'administration des hospices, dont les inspecteurs n'ont jamais eu à dresser que des rapports favorables et aux parents et aux enfants. Si les époux Delfortrie ont toujours traité leurs enfants adoptifs comme les leurs propres, toujours aussi en ont-ils été aimés et honorés comme de véritables parents.

Les deux enfants propres, encore existants, sont mariés convenablement depuis plusieurs années; mais trois des enfants de l'hospice restent encore avec Delfortrie, et semblent ne vouloir le quitter, notamment Louis Fauvaux, brave et courageux jeune homme, âgé de 22 ans, qui se montre inviolablement attaché à son père nourricier dont il est devenu le principal soutien. Si ce n'est dans la crise de 1848, la famille Delfortrie a été très-peu aidée du Bureau de bienfaisance, grâce à son courage et à sa grande économie, comme aussi aux égards dont, en temps d'extrême misère, elle a été l'objet de la part de certaines personnes charitables, qui ont bien voulu alors leur tendre une main secourable, comme pour récompenser leur courage et leur probité.

TABLEAU DE LA FAMILLE

NOMS ET PRÉNOMS		AGE	PROFESSION
Du père,	Delfortrie, Jean-Baptiste	70 ans,	Tisserand.
De la mère,	Dassonville, Rosalie,	déc. le 27 mai 1859	
Du 1er enfant,	Delfortrie, A,	34 ans,	(Marié) tisserand.
2me enfant,	Delfortrie, Sophie,	32 ans,	(Mariée) ménagère
Enfants de l'Hospice.			
3me enfant,	Delevoy, Julie,	27 ans,	Servante.
4me enfant,	Fauvaux, Louis,	22 ans,	Tisserand.
5me enfant,	Fourmentez, Marie,	17 ans,	Ménagère.

C'est pourquoi, Monsieur le Maire, nous sommes d'avis qu'une prime est aussi méritée par Delfortrie, Jean-Baptiste, et proposons de lui décerner un livret de caisse d'épargne, sans oublier le jeune Fauvaux dont le dévouement pour son père nourricier, nous paraît devoir être récompensé par un livret de caisse de retraite.

4e DUTILLEUL, Henri,

TISSERAND (MONT DE BONDUES)

Henri Dutilleul, tisserand, né à Bondues, et âgé de 37 ans, s'est marié en 1847, à Nathalie Desrumaux Ils ont 7 enfants, dont l'aîné est âgé de 15 ans, et le plus jeune âgé de 2 mois.

En tout temps, ils ont tenu une très-bonne conduite, et n'ont cessé de se faire remarquer par leur courage, leur probité, et leur esprit d'ordre et de propreté; non seulement ils ont su élever leur nombreuse famille sans recourir à l'assistance publique, mais à force d'économie et de privations, ils sont parvenus à payer leur maison, qu'ils avaient achetée les premières années de leur mariage, toutefois avec l'aide de leur patron, qui, portant un vif intérêt à ces braves ouvriers, les engagea à acheter leur habitation, en leur offrant quelque avance, qu'ils ne lui rembourseraient que peu à la fois sur le prix de leur travail : Exemple qui nous paraît bien digne d'éloge tant de la part des ouvriers que du maître. Puisse-t-il trouver des imitateurs.

TABLEAU DE LA FAMILLE

NOMS ET PRÉNOMS		AGE	PROFESSION
Du père,	Dutilleul, Henri,	37 ans,	Tisserand.
De la mère,	Desrumaux, Nathalie,	36 ans,	Ménagère,
Du 1er enfant,	Dutilleul, Nathalie,	15 ans,	Tisserande.
2me enfant,	Dutilleul, Carlos,	13 ans,	Idem.
3me enfant,	Dutilleul, Louis,	11 ans,	Sans profession.
4me enfant,	Dutilleul, Marie,	9 ans,	Idem.
5me enfant,	Dutilleul, Zoé,	5 ans,	Idem.
6me enfant,	Dutilleul, Auguste,	3 ans,	Idem.
7me enfant,	Dutilleul, Sophie,	2 mois,	Idem.

Tous leurs enfants se font remarquer par leur docilité et leurs progrès à l'école. La jeune Nathalie surtout, mérite d'être signalée; c'est pourquoi la Commission propose de joindre au livret de caisse d'épargne, à décerner au père, un livret de caisse de retraite pour la jeune Nathalie, sa fille, âgée de 15 ans.

5e **FLAMENT, Pierre-Joseph,**

OUVRIER MAÇON (PRÈS LA PLACE).

Pierre-Joseph Flament, ouvrier maçon, natif de Bondues, âgé de 62 ans, s'est marié en 1827, avec Augustine Bernard, excellente femme de ménage, d'un rare courage et d'une sage et intelligente économie. Ils ont eu 7 garçons, dont 2 sont décédés et 2 mariés. Sans autres ressources que leur travail, et sans aucune assistance du Bureau de bienfaisance, ils sont parvenus, non-seulement à élever leur nombreuse famille, mais à se maintenir constamment dans une position pour ainsi dire supérieure à celle d'un ouvrier ordinaire, à certaine distance de l'indigence, et à l'abri de la misère.

S'il en a toujours été ainsi dans cette maison, Monsieur le Maire, c'est que le courage n'y a jamais fait défaut; c'est que toute dépense inutile en a toujours été rigoureusement bannie; c'est que, chaque samedi, le chef, qui ne met jamais le pied dans les cabarets, ne manque jamais de venir déposer l'intégralité du gain de la semaine, dans les mains d'une sage et intelligente ménagère; c'est surtout que celle-ci a le soin et l'art de tirer parti de tout, et de tout mettre à sa place; c'est que, aussitôt que les enfants commencent à grandir, sans négliger leur instruction, on les forme au travail, on leur apprend un état qui puisse un jour assurer leur existence; c'est qu'on les surveille continuellement, et qu'on règle leur conduite autant qu'il est possible; enfin, c'est qu'on profite de tous les moyens d'instruction qui se présentent pour les utiliser à l'avenir, si le cas échet. C'est ainsi que leur fils Louis, jeune homme plein de mérite et d'intelligence, ne manqua pas d'entrer dans la musique de la commune, où il apprit les éléments de cet art, de sorte que, quand le sort l'eut appelé sous les drapeaux, il put être admis comme clarinette dans la musique de son corps, 1er régiment d'infanterie de marine. Plus tard, ayant été compris dans l'expédition du Mexique, il y trouva, bien loin de la patrie et de ses chers parents, une mort si intéressante, si consolante pour mieux dire, que nous ne pouvons nous empêcher de transcrire ici la lettre de l'aumônier de son régiment, adressée à M. le curé de Bondues, pour lui annoncer cette triste nouvelle :

« Monsieur le Curé,

» Je ne sais si vous avez reçu la lettre que j'ai eu l'honneur
» de vous écrire dans le courant du mois de juillet dernier,
» pour vous annoncer la mort de votre paroissien Flament,
» Louis, soldat-musicien au 1er régiment d'infanterie de marine.
» La mort de ce bon jeune homme, de ce brave chrétien, a
» eu lieu dans le courant du mois de mars dernier (je ne me
» rappelle pas l'époque précise en ce moment), en revenant
» du Mexique à la Guadeloupe. Epuisé par la dyssenterie et le
» typhus, il a expiré pendant notre relâche à la Jamaïque, où
» je l'ai enterré avec les prières et cérémonies ordinaires Il a
» reçu avec la foi la plus vive les sacrements de l'Eglise. Pen-
» dant son court séjour au camp du Mexique, il avait distribué
» plus de trois cents médailles de l'Immaculée-Conception à ses
» camarades, et quelques instants encore avant de rendre sa
» belle âme à Dieu, il distribuait, en ma présence, des sca-
» pulaires à ses compagnons d'armes entourant en pleurs son
» lit de souffrance. Ses dernières paroles ont été celles-ci :
« Je suis heureux ! Le royaume des cieux est donc à nous !!! »
» Je fus chargé par lui, à sa mort, de remettre à ses bons
» parents, sa montre et son chapelet. J'attendais de jour en
» jour l'occasion d'aller moi-même m'acquitter de ce devoir ;
» mais ayant été empêché, je suis obligé de vous envoyer ces
» précieux souvenirs par la poste, en vous priant, Monsieur, de
» les remettre à sa famille. Consolez, je vous prie, ses bons
» parents, et dites-leur que le prêtre qui a assisté à ses der-
» niers moments leur fils bien-aimé, serait heureux lui-même
» d'avoir une si belle, si délicieuse et si consolante agonie.
» Mourir en invoquant Jésus et Marie, et en tenant embrassés
» le scapulaire et la médaille, quoi de plus beau, de plus dé-
» sirable en ce monde !!

» Je finis, le temps me presse; j'aurais voulu vous entre-» tenir de vive voix de notre cher Flament et de sa mort » chrétienne.

» Votre tout dévoué en N.-S.,

» Devesque,

» Prêtre, aumônier de la flotte, en congé dans sa famille à Marcilly, par Avranches (Manche). »

Les divers titres que nous faisons valoir en faveur de la famille Flament, nous paraissent plus que suffisants pour faire obtenir au chef de cette estimable famille une de ces honorables récompenses qui sont destinées à nos ouvriers les plus méritants.

Tous leurs enfants tiennent une conduite irréprochable; mais la Commission a désigné pour la prime, le plus jeune, nommé Jules, âgé de 19 ans, comme pouvant obtenir plus tard, un revenu plus considérable du livret de caisse de retraite qu'elle propose de lui décerner.

TABLEAU DE LA FAMILLE

NOMS ET PRÉNOMS		AGE	PROFESSION
Du père,	Flament, Joseph,	63 ans,	Maçon.
De la mère,	Bernard, Augustine,	60 ans,	Ménagère.
Du 1er enfant,	Flament, Jean-Baptiste,	34 ans,	(Marié) maçon.
2me enfant,	Flament, Henri,	33 ans,	(Marié) couvreur.
3me enfant,	Flament, Camille,	29 ans,	Tisserand.
4me enfant,	Flament, Alphonse,	23 ans,	Idem.
5me enfant,	Flament, Jules,	19 ans,	Idem.

Tels sont, Monsieur le Maire, les divers titres que nous avons à faire valoir en faveur des cinq familles que nous venons de citer, et nous sommes convaincus que tous, pères et enfants, méritent les récompenses proposées.

Avant de terminer, permettez-nous, Monsieur le Maire, de vous offrir les témoignages de reconnaissance des pères de famille que nous venons de vous signaler et qui tous sont profondément touchés des marques de bienveillance et d'estime dont ils sont l'objet.

Permettez-nous aussi de vous prier d'être notre interprète auprès de M. le Préfet, de MM. les Membres du Conseil municipal et du Bureau de bienfaisance, et de leur dire qu'ils ont fait une excellente œuvre qui ne manquera pas de produire les meilleurs résultats.

Recevez, Monsieur le Maire, l'assurance de nos sentiments respectueux.

Les Membres de la Commission :

LECAT-BUTIN, Maire et Président.
DELEMER, Jean-Baptiste, Curé.
TIERS, Louis, Conseiller municipal.
DESAINT, Amand, Membre du Bureau de bienfaisance.
LEDUC-DERVAUX, } Rapporteurs.
DERVAUX, Louis, }

Tourcoing, imp. J. Mathon.